Commandant **GUÉGUIN**

PORTEUR PRÈS LE CONSEIL DE GUERRE DU 18ᵉ CORPS D'ARMÉE

LA

POLICE JUDICIAIRE

DANS

LES CORPS DE TROUPE

PARIS

HENRI CHARLES-LAVAUZELLE

Éditeur militaire

10, Rue Danton, Boulevard Saint-Germain, 118

(MÊME MAISON A LIMOGES)

LA POLICE JUDICIAIRE

DANS LES CORPS DE TROUPE

Commandant GUÉGUIN

RAPPORTEUR PRÈS LE CONSEIL DE GUERRE DU 18e CORPS D'ARMÉE

LA POLICE JUDICIAIRE DANS LES CORPS DE TROUPE

PARIS
HENRI CHARLES-LAVAUZELLE
Éditeur militaire
10, Rue Danton, Boulevard Saint Germain, 118

(MÊME MAISON A LIMOGES)

LA POLICE JUDICIAIRE

DANS LES CORPS DE TROUPE

« La Justice, c'est la constante et perpétuelle volonté de distribuer a chacun ce qui lui appartient... » (MONTAIGNE.)

« Il ne faut point mener les hommes par les voies extrêmes ; on doit ménager des moyens que la nature nous donne pour les conduire. Qu'on examine la cause de tous les relâchements, on verra qu'elle vient de l'impunité des crimes et non pas de la modération des peines. » (MONTESQUIEU, *Esprit des Lois*, livre VI, chapitre XII.)

« C'est moins l'atrocité des peines que l'exactitude a les exiger, qui retient tout le monde dans le devoir. » (VATEL, *Droit des gens*, livre Ier, chap. XIII.)

« La scène du monde change sans cesse ; les lois se succèdent, et chaque époque y laisse l'empreinte de son esprit, de ses besoins, souvent de ses passions. Puis vient le temps d'élever un monument durable : l'expérience a parlé, la lumière est faite. On sépare ce qui est bon et vrai de ce qui n'était que l'erreur du moment... » (Rapporteur du projet de loi du Code de Justice militaire du 9 juin 1857. — Corps législatif, séance du 25 avril 1857.)

La justice militaire, comme la justice de droit commun, dispose d'une police judiciaire, qui fonctionne suivant les prescriptions de l'article 8 du Code d'instruction criminelle, et dont la mission « est de rechercher les contraventions, les délits et les crimes, d'en rassembler les preuves, et d'en livrer les auteurs à l'autorité chargée d'en poursuivre la répression devant les tribunaux. » (C. M., art. 83.)

D'ailleurs, la police judiciaire, comme toute la procédure militaire dans ses différentes phases, « a été organisée sur le plan et à l'image du droit commun, partout où l'intérêt militaire, qui est aussi la garantie de la société, n'a pas été évident ; où il n'a pas commandé une dérogation à la loi générale, c'est la disposition du Code d'instruction criminelle qui a prévalu ». (Exposé des motifs et rapport au Corps législatif, pour l'adoption du Code de justice militaire du 9 juin 1857.)

Le projet de refonte du Code, présenté le 24 mai 1901, à la Chambre des députés, par M. le général André, Ministre de la Guerre, et M. Monis, Garde des Sceaux, pour faire suite au projet de loi déposé le 14 novembre 1899, et celui, plus récent, qui en conserve les grandes lignes, s'inspirent des mêmes principes, et, dans son rapport du 4 avril 1901, le sénateur, président du Comité du Contentieux et de la Justice militaire, dit, en excellents termes : « La pensée qui a dominé le Comité a été de faire, autant que possible, bénéficier les accusés militaires des dispositions libérales et des garanties que les lois ordinaires offrent aux autres citoyens, mais sans leur enlever les garanties spéciales que leur crée leur juridiction propre, et en évitant toute innovation qui serait de nature à affaiblir la discipline.

» L'impartialité absolue de ses propositions, où les mesures restrictives s'allient, quand il le faut, aux concessions bienveillantes, et la résolution avec laquelle il a, malgré les tendances favorables de l'opinion, écarté certaines réformes, ou les a arrêtées à la limite où elles pouvaient devenir dangereuses, témoignent de son souci constant de concilier la protection des justiciables des tribunaux militaires, avec les intérêts supérieurs de l'armée et du pays. »

Il y a cependant une légère différence entre les procédés de la police judiciaire de droit commun et ceux de la police judiciaire militaire. En effet, dans le premier cas, tout citoyen témoin d'un crime ou d'un délit, doit le dénoncer à la justice. C'est la « dénonciation », qu'il ne faut pas confondre avec la « délation ». (I. C., art. 30.) Toute personne qui se prétend personnellement lésée dépose « une plainte ». (I. C., art. 63.)

Dans l'armée (au moins pour les faits relevant du Code militaire ou s'y rattachant), la plainte et la dénonciation individuelles ne sont pas directement admises. Elles doivent être transmises hiérarchiquement aux chefs de corps, de détachements ou de services, qui s'en saisissent et qui, gardiens naturels de la discipline et des intérêts de leurs subordonnés, se substituent à la partie lésée pour déposer une plainte qui, d'échelon en échelon, parvient au commandant de corps d'armée, juge suprême de sa recevabilité.

Officiers de police judiciaire.

Il y a deux catégories d'officiers de police judiciaire militaire : la première comprend ceux qui, en raison de leurs fonctions, peuvent être considérés comme permanents ; la deuxième, ceux qui ne sont officiers de police judiciaire que par circonstance. (Art. 84 et 85 du C. M., 100 et 101 du projet.)

Les officiers de la première catégorie sont :

1° Les adjudants de place, officiers adjoints au major de la garnison (art. 28 du réglement sur le service des places) ;

2° Les officiers, sous-officiers et commandants des brigades de gendarmerie. Dans la juridiction commune, les officiers seuls sont officiers de police judiciaire. Le décret du 20 mai 1903 continue à étendre cette prérogative aux commandants de brigade, en cas de flagrant délit. (Art. 111.) Quant à la police judiciaire militaire, elle est exclusivement sous les ordres du commandant de corps d'armée. (Art. 55 du décret précité) ;

3° Les chefs de poste ;

4° Les officiers d'administration d'artillerie et du génie.

Ces deux dernières classes d'officiers de police judiciaire, dont l'action est aujourd'hui très rare, proviennent des créations opérées par la loi du 10 juillet 1791, modifiée par celle du 10 juillet 1851, dont le *Bulletin Officiel* : « Recueil en textes authentiques des lois intéressant l'armée » ne donne que des extraits. (Voir notamment l'article 21 du titre III, et l'article 2 du titre VI.)

Le décret du 24 décembre 1811 a modifié la loi du 10 juillet 1791, en conservant les adjudants de place, divisés en quatre classes : major, chef de bataillon, capitaine, lieutenant, destinés à exercer les fonctions de commandant dans les citadelles, forts ou châteaux où n'existaient pas de commandants d'armes (titre Ier, art. VI) ;

5° Les rapporteurs près les conseils de guerre, en cas de flagrant délit.

La deuxième catégorie d'officiers de police judiciaire comprend : les commandants et majors de place ; les chefs de corps, de dépôt et de détachement ; les chefs de service de l'artillerie et du génie ; les membres du corps de l'intendance militaire. (C. M., art. 85.)

Comme on le voit, la loi de 1857 ne faisait pas allusion aux droits des officiers du service de santé, en ce qui concerne les infirmiers militaires détachés dans les hôpitaux : suivant que les faits concernaient le service de l'intendance, ou celui de santé, la plainte était établie par le commandant de la section, ou par le comptable, chef du détachement d'infirmiers.

Le règlement du 23 décembre 1883 a donné au médecin-chef les pouvoirs nécessaires pour faire établir les plaintes concernant les faits, criminels ou délictueux, commis dans l'intérieur de l'établissement, suivant les prescriptions de l'article 85 du Code militaire. La lacune qui existait dans cet article est, du reste, comblée dans le projet ministériel, qui ajoute aux chefs de service de l'artillerie et du génie ceux du service de santé. (Art. 101.)

La différence entre les deux catégories d'officiers de police judiciaire que je viens d'énumérer, consiste en ce que ceux de la deuxième, outre qu'ils peuvent agir par eux-mêmes, ont le droit de « requérir » ceux de la première, chacun dans sa spécialité.

La loi du 18 mai 1875 a étendu aux chefs de corps le droit de « déléguer » leur pouvoir judiciaire, à un des officiers sous leurs ordres, dans des conditions qui seront examinées ultérieurement. Les chefs de détachement, quel que soit leur grade, ne jouissent pas de cette faculté. Il est fait cependant exception à cette règle pour le lieutenant-colonel commandant l'artillerie d'une division d'infanterie, qui a la plupart des prérogatives d'un chef de corps. (Décret du 31 mai 1901.)

Maintenant que nous connaissons le personnel de la police judiciaire, nous allons examiner comment il fonctionne, en suivant l'ordre chronologique des opérations, savoir :

1° Fautes disciplinaires, et leur répression ;

2° Découverte d'un crime ou d'un délit ; rapport du capitaine ;

3° Délégation du chef de corps, pour l'instruction ;

4° Instruction par l'officier délégué ou requis ;

5° Etablissement de la plainte, et sa transmission par le chef de corps, de détachement, ou de service.

I

DES FAUTES DISCIPLINAIRES ET DE LEUR RÉPRESSION

C'est là, il faut le reconnaître, une grave question.

Les décrets du 2 novembre 1833, du 28 décembre 1883, du 20 octobre 1892, sur le service intérieur, portent tous à leur frontispice, comme bases intangibles de l'existence même de l'armée, les « Principes généraux de la subordination », qu'il est inutile de rappeler ici.

Ces principes, d'ailleurs, ne sont pas des innovations. On les trouve dans les règlements du 17 février 1753, du 25 mars 1776, de 1778, et du 1er juillet 1788, qui s'inspirent eux-mêmes de réglementations antérieures.

L'Assemblée nationale les codifia par la loi du 29 octobre 1790, relative à la « Discipline militaire ». Le règlement de 1792, sur les services en campagne et intérieur, recopia à peu près les règlements précités, qui ont d'ailleurs été reproduits en partie dans nos règlements actuels. (Voir Chénier, *Guide des Tribunaux militaires*.)

Mais ce sera l'éternel honneur de l'Assemblée nationale d'avoir, par les lois des 8 août et 29 octobre 1790, fixé les devoirs réciproques des chefs et des subordonnés, substituant ainsi à l'arbitraire la notion du droit légal (1).

(1) On disait qu'il fallait se garder des patenôstres de M. le Connétable (Anne de Montmorency) ; car en les marmottant, et lorsque l'occasion s'en présentait, il disait : « Allez pendre un tel; attachez celui-ci à un arbre, faites passer celui-là par les armes, tout à cette heure, ou les arquebusez tous devant moi... » (*Mémoires* de Brantome.)

Les préliminaires de la loi du 29 octobre sont intéressants à relire : on les retrouve, presque littéralement, dans notre service intérieur.

« L'Assemblée nationale, convaincue que la principale force des armées consiste dans la discipline, qu'il est de son devoir de la maintenir, en même temps qu'il est de sa justice d'en déterminer les bases, de manière qu'aucune punition ne puisse être infligée arbitrairement, hors de l'esprit de la loi... »

Elle ajoute :

« Tout gradé peut punir son inférieur, en en rendant compte dans les vingt-quatre heures. Le commandant de corps pourra restreindre, infirmer ou augmenter les punitions...

» Le subordonné qui est puni sera tenu de se soumettre à la punition prononcée, sous réserve de réclamer, après avoir obéi. »

D'ailleurs, les punitions sont d'une excessive sévérité. Pour les soldats : les corvées, la prison au pain et à l'eau, le piquet, la « boisson d'eau », pour les ivrognes, — une chopine par jour et pendant trois jours seulement (!) à l'heure de la garde montante —, moyen un peu radical, mais certainement très effectif, de réprimer l'ivresse...

Pour les officiers, les arrêts simples, ou de rigueur avec sentinelle, à leurs frais.

Il est vrai qu'un Conseil de discipline (en réalité, de revision), où le plaignant et le chef mis en cause pouvaient se faire assister d'un défenseur pris dans le corps, jugeait publiquement, sur réquisition des intéressés, et avait la faculté de prononcer la prolongation de la punition, ou de la supprimer.

Ces conseils ont fonctionné jusqu'à la promulgation de la loi du 13 brumaire, an V (1797).

Les articles 301 à 322 de notre Règlement actuel sur

le Service intérieur fixent, avec beaucoup de pondération, l'usage du droit de punir, et indiquent dans quel esprit il doit être appliqué. Ce droit est, du reste, légalement consacré par l'article 271 du Code militaire. Il en résulte donc que tout gradé qui punit son subordonné, fait acte de juge : il doit, par conséquent, en posséder l'impartialité, le sang-froid, et la connaissance du devoir. De là découle, pour les gradés, la nécessité d'une solide éducation morale, qui les empêchera de punir « hors de l'esprit de la loi ».

C'est, du reste, sous cette inspiration, qu'est rédigée la circulaire ministérielle du 2 novembre 1902 (*B. O.*, n° 57, page 131). Elle pose les bases de l'éducation morale pour les gradés des corps disciplinaires, et, par extension, pour ceux des corps de troupes. Chacun peut gagner à cette lecture, dont voici quelques extraits :

« Le premier devoir des gradés des corps de discipline et des établissements pénitentiaires est de s'attacher à bien connaître les hommes qui leur sont envoyés, afin de traiter chacun suivant son âge, son intelligence, ses tendances et son caractère... On ne doit pas oublier qu'une bonne parole, dite à propos, contribue, plus que les punitions accumulées, à ramener au bien des hommes qui..., etc.

» Les réprimandes doivent être faites avec discernement, sans brusquerie, ni propos grossiers.

» Quand un homme donne des marques de l'énervement, produit très fréquemment par la privation de la liberté, il faut que le gradé, au nom de cette espérance qu'il est nécessaire de ne pas détruire, sache à propos, ne rien voir ou ne rien entendre, et apporter à la parole grossière, au geste insultant, un inaltérable sang-froid.

» En résumé, ... les gradés profondément pénétrés de leur grand rôle de moralisateurs (pour les corps de troupe, on peut ajouter : d'éducateurs), ne perdront jamais de vue, que leur tâche la plus élevée et la plus digne consiste, à montrer aux consciences égarées, la voie du repentir... »

Citons aussi l'intéressant article d'un officier de marine, publié dans la *Revue de Paris* : « A bord d'un torpilleur », en y relevant les pensées suivantes :

« La mauvaise tenue des hommes est une offense à celui qui les commande...

» On doit fortifier l'obéissance, par le sentiment inculqué peu à peu, de sa propre règle morale...

» Faut-il être impitoyable, et, tout en restant sévère, jusqu'où la bonté peut-elle aller ? Où est-il nécessaire de s'arrêter ? Cela dépend de la connaissance du caractère. »

Dans le discours de rentrée des Cours et Tribunaux, en 1900, l'honorable M. Cumenge, avocat général à Bordeaux, était amené à faire cette réflexion, qui trouve ici sa place : « ... Dans le délit d'outrages à l'audience, les magistrats ne sont-ils pas souvent tenus de faire la sourde oreille, pour n'être pas obligés de recourir aux pénalités ? »

Ce sentiment de la bienveillance, en matière disciplinaire ou judiciaire, lorsqu'on peut y recourir sans danger, n'est pas, du reste, chose nouvelle. En 1868, le général de la Motterouge, commandant la division de Nantes, prononçait des refus d'informer, pour des délits de bris d'objet de casernement, de peu de valeur, en se basant, avec beaucoup de sagesse, sur les dispositions de l'instrution ministérielle du 28 juillet 1857, qui est une sorte de commentaire du Code militaire. Le général de Boisdenemetz, commandant le 16e corps d'armée, avait imposé, vers 1888, l'emploi de « pages blanches », après destruction du relevé des punitions, pour les hommes ayant amélioré leur conduite, véritable loi Bérenger — avant la lettre.

C'est surtout, dans le cas assez fréquent de refus d'obéissance, que le gradé peut faire preuve de qualités de tact et de modération, qui n'excluent pas l'énergie. Certes, on ne vient pas conseiller ici, d'encourager les indisciplinés, par une indifférence, une torpeur ou une faiblesse indignes de l'autorité ; mais il nous sera bien permis de déclarer, avec quelque compétence, en raison de nos fonctions, que, bien souvent, il serait possible de laisser au refus d'obéissance un caractère de répression disciplinaire, sans que l'intérêt supérieur des droits de la subordination ait à en souffrir. On trouve, dans les libellés de punitions du corps disciplinaire d'Oléron, des « refus momentanés d'obéissance ». C'est-à-dire, qu'on avait « su » empêcher le coupable de consommer le délit, en lui évitant ainsi la juridiction du conseil de guerre.

Du reste, les rédacteurs du projet de Code militaire semblent être entrés pleinement dans cet ordre d'idées, dont le résultat le plus important serait d'éviter, autant que possible, à un militaire, la tache d'un casier judiciaire.

On sait, en effet, qu'en vertu de l'article 271 du Code militaire, les commandants de corps d'armée peuvent appliquer aux contraventions de police, des punitions disciplinaires, atteignant deux mois de prison. D'autre part, par mesure disciplinaire, ils ont aussi le droit de déférer ces contraventions au conseil de guerre, tout en laissant les prévenus en liberté provisoire, pour celles qui n'entraînent qu'une amende. (Circ. minist. du 22 mai 1878.) Le conseil de guerre, ainsi saisi, peut infliger une condamnation allant jusqu'à deux mois de prison, qui donne lieu à l'établissement d'un casier.

Or, d'après l'article 353 du nouveau projet, les contraventions qui, dans la justice civile, ne seraient soumises qu'aux pénalités de l'article 465 du Code pénal, (un à cinq jours de prison ne donnant pas lieu à l'ouverture d'un casier), ne pourront plus être punies d'une peine supérieure, par le conseil de guerre, s'il est appelé à en connaître.

II

DÉCOUVERTE DU CRIME OU DU DÉLIT
RAPPORT DU CAPITAINE

Un crime ou un délit vient d'être commis.

De même que tout citoyen est tenu, par les articles 30 et 31 du Code d'instruction criminelle, d'aviser la justice, tout militaire doit en faire de même, pour ses chefs hiérarchiques, en ce qui concerne les actes délictueux d'ordre militaire, qui parviennent à sa connaissance.

Comme il a déjà été dit, si l'individu qui s'adresse ainsi à la justice n'est pas atteint dans ses intérêts personnels, sa démarche constitue la « dénonciation ». Dans le cas contraire, elle prend le nom de « plainte ».

A ce sujet, le Code militaire ne paraît pas préciser très bien la question : dans la pratique, on réserve le nom de plainte à l'acte par lequel le chef de corps ou de détachement, saisit l'autorité suprême, en matière de renvoi devant le conseil de guerre, c'est-à-dire le commandant de corps d'armée, qui, seul et personnellement, sans délégation possible, a le droit de donner ou de refuser l'ordre d'informer.

Cependant, le Code ne se sert du terme « plainte », en ce qui concerne le chef de corps, que dans le cas de désertion. (Art. 95.) Cette expression est renouvelée dans le projet ministériel (art. 112) (1), tandis qu'il est

---

(1) Il est probable que les différents codes reproduisent ainsi un terme qui figure dans un arrêté des Consuls, sur la désertion, du 19 vendémiaire an XII (12 octobre 1903). En raison du grand nombre des désertions, certains chefs de corps en étaient arrivés à ne plus les signaler. L'article 23 de l'arrêté les rappelait durement à l'ordre, les punissait de 15 jours d'arrêts forcés au mini-

spécifié aux articles 86 (Code actuel) et 112 (projet) « que les officiers de police judiciaire reçoivent, en cette qualité, les dénonciations et les plaintes qui leur sont adressées », ce qui semblerait indiquer que la plainte n'émane pas du chef de corps.

M. Champoudry, officier d'administration principal, greffier du conseil de revision, dont les guides et les formulaires sont d'un secours précieux et permanent, on peut même dire indispensable, dans les questions de justice militaire, n'hésite pas à déclarer que le chef de corps, en vertu de l'article 86 précité, n'a aucun pouvoir pour faire une plainte, ni aucun droit pour l'arrêter. Il réserve la faculté de porter la plainte, au capitaine seul, « intermédiaire obligé entre les hommes de sa compagnie et le colonel ». *(Manuel de l'Officier de police judiciaire militaire.)*

---

mum, s'ils ne portaient pas « plainte », en l'inscrivant immédiatement sur les registres du conseil d'administration. (C'est dans ce même article que nous voyons, pour la première fois, le commandant d'armes autorisé à donner le refus d'informer.) On avait établi pour juger les réfractaires, internés dans des citadelles, des conseils de guerre spéciaux, composés d'un officier supérieur, quatre capitaines, deux lieutenants. Les décisions étaient rendues à la majorité des voix, et non à la minorité de faveur. Les juges formulaient leur opinion par écrit, et la signaient. (Art. 38.) Ces conseils ont fonctionné pendant toute la durée de l'Empire, et ont été abolis par la Charte de 1814. (Voir Chénier.)

Ajoutons que certains chefs de corps estiment qu'ils sont dans l'obligation impérative de dresser une plainte contre tout déserteur. C'est là, semble-t-il, une interprétation erronée de l'article 18 de l'instruction du 6 septembre 1897 (*B. O.*, n° 59, *Justice militaire*, p. 34), ainsi conçu : « A la rentrée de l'homme, ou lorsque sa présentation volontaire ou son arrestation sont signalées par un général commandant de circonscription ou au chef de corps, ou au commandant d'établissement, ou de détachement, celui-ci examine si l'absence peut être justifiée; dans le cas de l'affirmative, il *ne doit pas porter plainte*, mais seulement punir disciplinairement le retardataire. »

Même dans le cas où la plainte est portée, le commandant de corps d'armée n'est pas lié, « puisque la loi lui attribue le droit de prononcer, en dernier ressort, sur la suite à y donner ».

Sur ce point, on peut discuter l'avis du très distingué commentateur.

Le modèle qu'il donne lui-même d'une formule de plainte, qui, à son avis, serait faite abusivement par le chef de corps, comporte parmi l'indication des pièces à mettre à l'appui de la procédure, « un rapport », et non « une plainte », du commandant de la compagnie. Le conseil de revision, du reste, n'a jamais signalé qu'il y ait abus, de la part du chef de corps, à signer la plainte, et, par le fait, il a ainsi sanctionné la manière d'opérer habituelle, en renvoyant, indemnes de toute observation à ce sujet, les dossiers de pourvoi.

De plus, dans la pratique, tout chef de corps qui a signé une plainte est exclu des fonctions de juge ou de président, ce qui indique bien qu'il est valablement considéré comme l'auteur qualifié de cette plainte. (C. M., art. 24.)

A l'encontre de cette opinion, on pourrait cependant citer un texte, tiré de l'Instruction pour l'inspection générale de la justice militaire (*J. M. O.*, 19 août 1885), où il est dit que « le colonel ne peut choisir pour délégué l'officier qui a porté la plainte ». Mais, d'autre part, le *Journal militaire Officiel* de 1872 (page 156) spécifie que, « lorsque la plainte est portée par un chef de détachement, il doit procéder lui-même à l'information ». Dans ce cas, la plainte n'est donc pas considérée comme émanant exclusivement du commandant de la compagnie.

D'ailleurs, peu importe ! Les plaintes ou rapports ne constituent que de simples pièces de renseignements et ne peuvent être assimilés aux pièces légales de procédure. (Lettre ministérielle du 19 avril 1869.) Nous laisserons, par conséquent, à l'acte du capitaine, son caractère de « rapport ».

Que doit être ce rapport ? La réponse est facile :

clair, succinct, précis. M. Coupois, dans son excellent commentaire, en donne les principaux éléments :

1° La nature et les circonstances des contraventions ;

2° Le temps et le lieu où elles ont été commises :

3° Les preuves et indices à la charge des prévenus ; les noms, professions, demeures des plaignants, témoins, etc.

L'article 119 de l'instruction du 20 mai 1903, sur le service de la gendarmerie, donne aussi une indication très intéressante : « Dans la rédaction d'une plainte, on doit énoncer clairement le délit, avec toutes les circonstances qui peuvent l'atténuer ou l'aggraver. »

Mais il est bien entendu que le rédacteur du rapport, base de la plainte, doit se garder de faire les opérations préalables d'une enquête judiciaire, car il n'a pas mission de contrôler les déclarations reçues. Ainsi, il lui est interdit de chercher à provoquer des aveux, sous le prétexte de connaître la vérité, et aussi de confronter, pour obtenir des renseignements, le présumé coupable avec ses camarades ou d'autres témoins.

Il ne faut pas oublier qu'il entre dans l'esprit de la loi de laisser à l'homme soupçonné, même convaincu, la faculté d'organiser sa défense, dès le premier moment.

Profiter de son inexpérience, de son trouble, de son abattement pour lui extorquer des aveux, alors qu'il ne lui est pas encore permis d'avoir un défenseur à ses côtés, serait faire litière des recommandations si sages de la notification ministérielle du 23 février 1903, relative aux obligations de l'officier de police judiciaire, et, par extension, de tous ceux qui, à un moment quelconque, ont à s'immiscer dans la recherche d'un crime ou d'un délit.

Mais, cela ne veut pas dire qu'en s'abstenant de chercher à provoquer des aveux, on doit se dispenser de recueillir des preuves (Voir circ. minist. du 29 janvier 1903.)

Il importe d'insister encore un peu sur la rédaction de ce rapport qui est, le plus souvent, la pièce initiale de toute procédure. Certes, le capitaine a le droit et le devoir de donner des renseignements sur la valeur morale, la conduite et l'intelligence de ses subordonnés, que nul ne connaît mieux que lui. Mais, bien entendu, il est indispensable que cet officier s'attache à s'exprimer avec la plus grande impartialité. Or, très souvent, trop souvent, dans un but de bienveillance exagérée, le commandant de compagnie estime que le fait délictueux est le résultat d'un état « d'inconscience », que le coupable « n'a qu'une responsabilité très limitée » *(sic)*, qu'il ne savait pas ce qu'il faisait..., etc., etc. Il est bien certain que ce sont là des formes du langage usuel, où on n'attache pas aux expressions les conséquences judiciaires qu'elles peuvent entraîner. Mais c'est en justice surtout qu'on doit appliquer l'axiome « *Scripta manent, verba volant.* »

En formulant de pareilles appréciations, l'auteur du rapport se met en contradiction avec lui-même. L'inconscience, c'est-à-dire le défaut de discernement du bien ou du mal, met celui qui en est notoirement atteint à l'abri des recherches de la justice, à condition, il est vrai, qu'on puisse la considérer comme un des cas d'excuse prévus par les articles 64 et 65 du Code pénal.

Or, il n'existe pas une inconscience disciplinaire et une inconscience judiciaire. L'inconscience s'étend à tous les actes de la vie, et les médecins seuls, après des examens minutieux et approfondis, peuvent en prononcer, avec quelque certitude, le diagnostic. Par conséquent, le maintien dans un corps de troupe d'un homme que son capitaine qualifie officiellement d'inconscient, constitue un danger permanent, car le « malade » a ainsi une sorte de brevet d'impunité. Il faut l'éloigner... prendre des mesures conservatoires, pour lui et pour les autres.

Tout le monde reconnaîtra donc que le capitaine ne peut, au pied levé, de son propre mouvement, constater, sans risque d'erreur, un tel état d'esprit. Cependant, les magistrats militaires chargés de l'instruction, ayant assez souvent à relever ces déclarations d'inconscience dans les rapports des capitaines, sont obligés d'ordonner des expertises médico-légales, qui occasionnent à l'Etat des frais complètement inutiles, car l'homme en observation revient, la plupart du temps, avec la mention qu'il est parfaitement responsable de ses actes ! Comme conclusion, on peut dire que, si un capitaine a lieu de supposer qu'il a sous ses ordres un dément ou un irresponsable, il doit, tout d'abord, le signaler au médecin du corps, qui, après entente avec le commandement, fera le nécessaire pour constater son état.

Quelquefois, aussi, pour justifier son appréciation sur l'acte commis et en diminuer la gravité, le capitaine avance que son subordonné a été emporté par la colère ou la passion : même dans ce cas, cet officier doit être d'une prudence extrême dans l'expression de son avis. En effet, un arrêt de cassation spécifie « que l'exaltation ou le désordre moral de l'esprit, causé par la jalousie, la colère ou toute autre passion violente, ne constitue, ni la démence, ni la force majeure de l'article 64 du Code pénal ».

Il peut y avoir encore de graves inconvénients à trop appuyer, soit en bien, soit en mal, sur la conduite d'un subordonné. Cette appréciation dépend, généralement, du caractère de son auteur, caractère qui peut varier de l'excessive sévérité à l'extrême indulgence : c'est une chance à courir pour l'inculpé ! Il suffit de rappeler ici que les juges ont deux éléments de renseignements, qui ne sont pas établis pour les besoins de la cause, et qui dessinent impartialement la physionomie de l'accusé : ce sont, le casier judiciaire et le relevé des punitions. Si ce relevé est immaculé, on ne peut pas dire, en principe, que l'intéressé est un mauvais soldat; s'il est chargé de punitions de prison, il paraît bien risqué de le présenter comme un bon serviteur.

Enfin, sera-t-il permis, à titre de conseil amical, d'engager les officiers qui établissent des rapports à les transcrire de leur propre main ? Relire hâtivement le travail d'un scribe, qui copie servilement les erreurs de date ou les contradictions que peut présenter un brouillon, c'est s'exposer à laisser subsister, dans le rapport, de fâcheuses irrégularités.

En dernier lieu, et pour conclure, on peut dire que le capitaine qui se trouve en présence d'un acte délictueux doit voir plus loin que le cas qu'il signale ; cette opinion s'appuie sur une autorité dont on ne contestera pas la compétence ; c'est celle du Comité du Contentieux, qui s'exprime en ces termes : « En outre, il faut considérer que, dans la justice militaire, la répression doit avoir un caractère exemplaire, qui, au delà de la punition de l'individu, assure la protection de la collectivité. » (Rapport, § E.)

III

DÉLÉGATION DU CHEF DE CORPS

Antérieurement à la loi du 18 mai 1875, les chefs de corps, en leur qualité d'officiers de police judiciaire, étaient dans l'obligation d'instruire personnellement les affaires relevant de leur commandement. Ce n'est que dans des cas particuliers qu'ils pouvaient, comme les chefs de service, requérir des officiers de police judiciaire de la première catégorie.

Actuellement, ils peuvent donc « déléguer » un officier sous leurs ordres. Mais la circulaire du 23 juin 1875, toujours en vigueur, puisqu'elle est intégralement reproduite dans le *Bulletin Officiel* du 9 mars 1903, spécifie : « ... Toutefois, il importe d'user avec une grande réserve de ce droit de délégation, et ce n'est qu'autant que les chefs de corps ne pourront agir personnellement, qu'il leur sera loisible d'y recourir, en désignant, pour les sous-officiers et soldats, un officier du grade de capitaine au moins, et, pour les officiers, le lieutenant-colonel du régiment, ou à défaut, un officier supérieur. »

On a déjà dit que l'officier auteur du rapport ne peut être délégué (*J. M. O.*, 19 avril 1885), contrairement à l'avis de M. Vexiau (Commentaire abrégé, art. 85, édition 1876).

Le lieutenant-colonel (à l'exclusion de tout autre officier), remplaçant le chef de corps, peut exercer le droit de délégation. (Circ. du 14 novembre 1882.) Une dépêche ministérielle précédente le lui refusait. (9 novembre 1881.)

Les chefs de corps constituant des bataillons ou des compagnies, ont aussi le droit de déléguer un officier sous leurs ordres, pourvu qu'il soit du grade de capitaine. (Circ. du 26 septembre 1887.) Il en est de même pour le lieutenant-colonel commandant l'artillerie d'une division d'infanterie. (Décret du 31 mai 1901.)

Mais un lieutenant-colonel, ou chef de bataillon, commandant un détachement, est obligé de faire lui-même l'instruction, comme officier de police judiciaire. Les chefs de détachement adressent directement leurs plaintes aux généraux de brigade, dont ils relèvent, sans passer par l'intermédiaire des chefs de corps, auxquels, toutefois, ils sont tenus de rendre compte. (Circ. 9 juin 1870 ; circ. du 23 juin 1875 ; voir Coupois, sous l'article 65.)

Il y a lieu de signaler le cas d'un capitaine commandant un détachement, auquel il appartient de faire lui-même le rapport, l'instruction et la plainte.

Il reste à examiner comment doit être choisi l'officier de police judiciaire délégué.

Ici on se trouve en présence de deux écoles : par sa circulaire du 3 juillet 1875, le général Berthaut, Ministre de la guerre, invitait les chefs de corps à faire procéder à l'instruction judiciaire, par le plus grand nombre possible d'officiers, afin d'avoir un personnel assez nombreux pour parer à toutes les éventualités, surtout en campagne.

D'autres chefs de corps, au contraire, estiment qu'il est plus avantageux, pour le bon fonctionnement de la justice, de ne confier cette mision qu'à des officiers choisis, expérimentés, n'ayant pas de commandement direct, des adjudants-majors, par exemple.

Il paraît facile de concilier les deux opinions. A chaque officier de police judiciaire, en effet, est attaché un greffier du grade de sous-officier. Ne serait-il pas très simple de constituer le personnel éphémère de l'instruction, de telle manière, qu'il comprenne toujours un de ses deux membres déjà parfaitement au courant de la procédure ? On éviterait ainsi les défectuosités, qu'il faut relever au parquet du conseil de guerre, et qui peuvent entraîner, par des convocations devenant indispensables, de témoins, soit pour l'Etat, soit pour le condamné, des frais judiciaires considérables.

Il est à remarquer que « le greffier n'est pas seulement la main du juge, son secrétaire, mais un témoin de sa fidélité, que la loi place auprès de lui ».

Le greffier a donc le droit et le devoir de faire des observations à l'officier de police judiciaire si ce dernier, par exemple, lui dictait des déclarations contraires aux déclarations de l'inculpé. Son attention doit être toujours en éveil pour assurer la régularité des formules, et la question calligraphie n'est qu'un accessoire auquel il ne faut jamais sacrifier les autres qualités du greffier.

IV

INSTRUCTION PAR L'OFFICIER DE POLICE JUDICIAIRE DÉLÉGUÉ

L'action de l'officier de police judiciaire diffère de celle du commandant de compagnie, qui rédige le rapport, et de celle du chef de corps, qui établit la plainte, en ce sens, que ses opérations tendent vers le même but que celui du rapporteur du conseil de guerre, c'est-à-dire, non seulement la réunion, mais aussi la constatation des preuves des crimes et délits. Là se borne son rôle, comme l'expliquait la circulaire ministérielle du 23 juin 1875.

Nous le résumerons ainsi : L'officier de police judiciaire délégué est, par la force des choses, un enquêteur, dont les procès-verbaux de déclarations deviennent de véritables pièces judiciaires, lorsqu'ils ont été homologués par le rapporteur et intégrés dans le dossier.

Il ne saurait en être autrement, au moins pour les déclarations des témoins ; en effet, tout chef-lieu de canton, d'arrondissement, de département, possède des magistrats pour procéder, aux différents degrés, à l'instruction des contraventions, délits ou crimes. Les témoins sont interrogés sur place et, relativement, à peu de frais. Il n'en serait pas de même pour la justice militaire, qui n'a qu'un parquet par corps d'armée, surtout si on considère que, suivant le nouveau projet, ce parquet englobera au moins deux corps d'armée. Il est donc indispensable, pour des raisons d'économie, que les déclarations reçues par les officiers de police judiciaire, puissent prendre le caractère légal de procès-verbaux de témoignage.

D'autre part, on a cherché à étendre, autant que possible, à la justice militaire, les dispositions de la loi du 8 décembre 1897, relative à l'instruction contradictoire. Sur la proposition de M. Constans, le Parlement a voté, le 15 juin 1899, une loi portant extension de celle de 1897, à la procédure devant les conseils de guerre. Elle concerne surtout le rapporteur, mais il est évident que l'officier de police judiciaire a le devoir étroit de s'en inspirer.

On est donc amené à rechercher dans quel esprit cet officier doit faire son instruction.

Dans la discussion, au Sénat, de la loi du 15 juin 1899, M. Dupuy, sur l'interpellation de M. Bérenger, déclara « que la loi ne s'appliquerait pas pendant la période de l'instruction officieuse ou préparatoire, qui n'est autre chose que l'instruction préparatoire que font les commissaires de police et les agents de la police judiciaire, pour savoir si un fait constitue ou non un délit ».

De plus, dès le 29 janvier 1903, M. le Ministre de la Guerre rappelait que l'inculpé ne pouvant être interrogé ou confronté par le magistrat instructeur qu'en présence de son conseil, « cette mesure de protection serait vaine si, avant l'information, et au cours de l'enquête préliminaire faite par l'officier de police judiciaire en vertu des articles 85 et 86 du Code militaire, cet officier procédait à des interrogatoires ou à des confrontations ».

Il est à remarquer que ces recommandations s'adressent aussi, dans toute leur intégrité, aux commandants de compagnie, qui font l'enquête disciplinaire.

Le Ministre ajoutait : « Pour se conformer à l'intention manifeste du législateur, l'officier de police judiciaire doit se borner à recevoir les déclarations de l'inculpé, après l'avoir averti qu'il est libre de ne pas en faire. » (*B. O.*, 29 janvier 1903, page 45.)

Quelques jours après, une notification explicative (*B. O.*, 23 février 1903, p. 209) venait atténuer légèrement les termes de la circulaire précitée. Il importe d'appeler l'attention sur ce document, qui est rédigé avec une précision remarquable et qui devrait être dans les mains de tous les commandants de compagnie et officiers de police judiciaire, pour lesquels il constitue un guide précieux ou plutôt indispensable.

Cette notification établit que l'officier de police judiciaire peut soumettre l'inculpé « aux constatations qui seraient nécessaires pour établir son identité, si celle-ci était contestée », mais elle indique dans quelles conditions cette confrontation peut être faite.

Elle recommande d'éviter, même en cas de meurtre, de mettre l'inculpé en présence de sa victime, ou de le conduire sur le lieu du crime, ce qui, somme toute, constitue pour la justice militaire, au profit de l'accusé, une infériorité notable sur la justice civile, qui, étant saisie sans retard, peut procéder avec fruit aux investigations nécesaires. Il y a là, semble-t-il, une question assez grave pour appeler l'attention de la haute autorité militaire.

Toutefois, l'officier de police judiciaire peut, dans trois cas déterminés, nonobstant le refus de l'inculpé, procéder à un interrogatoire ou faire des confrontations. Il appartient donc au chef de corps, en cas de crime, de faire ses diligences, soit pour opérer lui-même, soit pour déléguer un officier de police judiciaire assez à temps, pour que ce dernier se trouve dans la situation légale prévue par l'article 7 de la loi du 8 décembre 1897.

Mais si l'inculpé consent à faire des déclarations, ou

à être confronté, il va de soi que l'officier de police judiciaire a tout pouvoir pour accomplir sa mission.

Enfin, au 3e paragraphe de la notification, l'assistance d'un défenseur pendant l'enquête préliminaire est formellement interdite : c'est une raison de plus pour exiger, de l'officier qui en est chargé, la plus stricte impartialité. Les prescriptions finales de ce paragraphe, relatives aux communications verbales ou écrites, de l'inculpé avec le dehors, doivent aussi appeler la sérieuse attention des chefs de corps, dont elles engagent la responsabilité.

Quant aux recommandations particulières de la notification, il est indispensable de s'en bien pénétrer, car elles font de l'officier de police judiciaire, soit un simple enquêteur, dans le sens de la déclaration de M. Dupuy, soit un véritable magistrat dont les procès-verbaux, établis conformément aux articles 102 et 104 du Code militaire (129-131 du projet), ont la même valeur que ceux du rapporteur, si ce dernier les accepte comme réguliers.

On peut se rendre compte combien est important le rôle de l'officier de police judiciaire, et comme il le sera surtout lorsque le projet de diminution du nombre des conseils de guerre amènera le 17e corps, par exemple, à Bordeaux, ce qui doublera ou triplera les parcours de témoins !

Si cet officier a négligé d'entendre un témoin, ou si, au sens légal du mot, il l'a mal entendu, le rapporteur sera obligé de convoquer ce même témoin au parquet. On ne peut, en effet, faire utilement usage de la commission rogatoire que pour obtenir la confirmation ou la preuve de non-existence d'un fait précis, n'entraînant pas de discussion contradictoire. Or, pour les deux régions (17e et 18e corps), que nous prendrons comme exemple, le voyage d'un témoin résidant à l'extrémité du département de l'Ariège, peut atteindre, aller et retour, 720 kilomètres. A 0 fr. 10 le kilomètre (tarif judiciaire), si le témoin est un civil, ou un militaire libéré au départ de la classe, cela fait 72 francs. On a ainsi une idée des frais énormes qui peuvent incomber, suivant le nombre des témoins convoqués, soit à l'Etat, en cas d'acquittement, soit au condamné, et cela, par suite de la négligence, ou plutôt de l'inexpérience, d'un officier de police judiciaire. C'est un argument de plus en faveur de la nécessité, pour le chef de corps, de choisir son délégué avec le plus grand soin et parmi des officiers bien au courant de leurs fonctions.

Ajoutons que le rapporteur ne peut s'approprier, comme pièces légales, les procès-verbaux de l'officier de police judiciaire, que s'ils sont établis strictement, dans les formes requises par le Code d'instruction criminelle, parce que, d'autre part, les dépositions à l'audience ne couvrent pas les irrégularités de la procédure. (Lettre minist. du 6 janvier 1865, *B. O.*, n° 57.) Un arrêt de revision du 1er octobre 1880 confirme pleinement cette interprétation.

Tandis que le greffier est soumis à des conditions d'âge et de grade, et qu'il doit prêter serment entre les mains de l'officier de police judiciaire, ce dernier n'est assujetti à aucune condition d'âge, de grade ou de serment. On admet que sa qualité d'officier suffit pour lui donner les pouvoirs d'interroger et d'instruire. Néanmoins, il sera toujours bon de s'en tenir, pour les désignations, aux dispositions de la circulaire du 23 juin 1875, encore en vigueur. (*B. O.*, 1903, p. 187.)

L'officier de police judiciaire, ne recevant que des déclarations (qui, comme on l'a vu, peuvent être ultérieurement considérées comme des témoignages), ne doit convoquer les témoins civils que par des avis, et non par des citations. Il est impuissant, à leur égard, s'ils refusent de comparaître ou de faire des déclarations. Il n'en est pas de même pour les militaires, qui, en cas de refus, peuvent être contraints, sous peine de punitions disciplinaires, de comparaître et de témoigner. Dans une circonstance récente, le Ministre de la Guerre, consulté, a maintenu d'une façon très ferme les dispositions de sa circulaire, à cet égard.

Il arrive, quelquefois, que l'officier délégué se trouve parfois très embarrassé pour svoir s'il a le droit de saisir la correspondance d'un inculpé, pour en prendre connaissance. L'article 86 du Code militaire l'y autorise formellement. De plus, il est couvert par un arrêt de cassation du 21 novembre 1853, et par une circulaire du Garde des Sceaux, en date du 27 décembre 1884 : « Il est de principe de prescrire que les lettres et papiers appartenant à un prévenu peuvent régulièrement être saisis dans les bureaux de poste », et, ajouterons-nous, à plus forte raison dans les mains du vaguemestre.

Toutefois, il est bon de n'user de ce droit qu'avec beaucoup de prudence et de discrétion : il y aurait, par exemple, de sérieux inconvénients à saisir, et surtout à retenir, la correspondance entre un inculpé et le défenseur qu'il se dispose à choisir ultérieurement, lors de l'instruction au parquet du conseil de guerre.

Enfin, le délégué peut se passer de l'assistance d'un greffier. Mais, dans ce cas, cet embryon d'instruction ne constitue qu'une simple enquête, qui, au point de vue judiciaire, n'a pas grande valeur.

Nous avons déjà appelé l'attention sur la notification du 23 février 1903, dont on vient de commenter certains points. Dans cet ordre d'idées, il est à souhaiter vivement, dans l'intérêt des officiers de police judiciaire, que le modèle de procès-verbal n° 5 *ter*, qui l'accompagne, soit scindé en déclarations de témoins et d'inculpés, comme cela a lieu pour les formules du parquet. C'est évidemment dans un but de simplification que le modèle a été ainsi rédigé, mais le résultat désiré ne semble pas avoir été atteint. Cette formule exige une attention minutieuse pour les nombreux cas qu'elle envisage (onze au moins). Il faut compter un grand nombre de mots imprimés à rayer comme nuls, ce qui donne beaucoup de travail et de souci au greffier, et, en fait, l'accessoire risque de demander plus de soins que la substance même du procès-verbal. Il y a tout lieu d'espérer que la modification signalée sera adoptée par l'autorité supérieure.

Avant d'en finir avec l'instruction, au risque de se répéter, il faut encore une fois redire, que l'officier de police judiciaire délégué ne doit pas considérer sa mission comme une corvée plus ou moins ennuyeuse, aggravée de la crainte de s'égarer « dans le maquis de la procédure », mais qu'il doit l'accepter comme une marque de confiance de ses chefs, en sa droiture et son impartialité, sûrs qu'ils sont que leur délégué ne mettra pas son point d'honneur à découvrir nécessairement un coupable, mais plutôt à rechercher s'il ne se trouve pas en présence d'un innocent !

V

ÉTABLISSEMENT DE LA PLAINTE ET TRANSMISSION

Il a déjà été fait allusion à cette partie de la procédure dans l'examen du rapport du capitaine, et on peut conclure que c'est le chef de corps qui doit porter régulièrement la plainte, en se servant des éléments du rapport, et de l'instruction de l'officier de police judiciaire.

Abordons, maintenant, une question des plus délicates : lorsqu'un chef de corps reçoit, sous forme de rapport du capitaine ou de toute autre façon, notification d'un fait paraissant délictueux commis par un de ses subordonnés, est-il nécessairement obligé d'y donner suite, en dressant une plainte ?

M. Champoudry, auquel il faut toujours recourir pour les questions d'interprétation du Code militaire, dénie, comme on l'a déjà vu, au chef de corps le droit d'arrêter la plainte ou la dénonciation du commandant de compagnie. A l'appui de son opinion, il cite les articles 86, 97, 99, du Code militaire, reproduits intégralement dans le projet de Code, sous les numéros 102, 114 (sauf pour l'article 99, qui correspond aux nouveaux articles 116 et 117). Les commentateurs Fouché, Pradier-Fodéré n'ont pas donné sur ce point une conclusion nette et précise, et le rapport fait en 1857 au Corps législatif semble donner raison à M. Champoudry : « La série des faits que nous venons de retracer — il s'agit des actes de la police judiciaire — forme la première phase. C'est la période où la plainte, la dénonciation, le bruit public ont averti l'autorité de l'existence d'un délit et ont signalé le coupable ; la période où l'officier de police judiciaire a recueilli les premiers indices, opéré des saisies, dressé des procès-verbaux, recueilli les documents propres à éclairer la justice, et le plus souvent procédé à l'arrestation du prévenu. Mais l'autorité de laquelle tout procède, et à qui tout revient, c'est le général commandant la division (actuellement le corps d'armée). Les actes et les procès-verbaux doivent lui être transmis. C'est à ce moment que va commencer la poursuite ; l'ordre d'informer en sera le premier acte... »

En outre, l'exposé des motifs ajoute :

« L'information ne peut être commencée que sur l'ordre du général commandant la division, qui, suivant son appréciation et l'inspiration de sa conscience, reste libre de donner ou de refuser l'ordre d'informer...

» Ce n'est, sans doute, que dans des cas très rares que l'autorité militaire appelée à exercer ainsi des fonctions judiciaires, usera de cette faculté de refuser une information. Ce ne sera jamais, par exemple, lorsqu'il existera une plainte fondée et bien motivée, *dressée par un chef de corps*, relativement à un fait, dans lequel la justice, la discipline et l'honneur de l'armée seront intéressés.

» Mais, si une plainte injuste et futile a été portée, soit par une partie se prétendant lésée, soit par un agent inférieur de la police judiciaire, ou si une plainte inspirée par la passion ou par la vengeance a été dirigée contre un brave militaire, le devoir du général de division sera d'apprécier les faits dans sa haute indépendance et de ne prendre conseil que de sa conviction et de sa conscience... »

On ne saurait mieux dire, mais cela n'implique pas l'impossibilité, pour un chef de corps, d'arrêter une plainte émanant d'un de ses subordonnés, s'il la trouve « injuste ou futile ». En prenant cette détermination, il n'empiète en rien sur l'autorité judiciaire du commandant de corps d'armée.

M. Vexiau, dans son commentaire abrégé, le reconnait formellement, sous l'article 85, dont voici un extrait : « Lorsque le délégué a terminé l'information, il adresse au chef de corps tous les procès-verbaux qu'il a établis. Après l'examen de l'affaire, le chef de corps décide s'il y a lieu de demander au général commandant la circonscription territoriale, l'envoi de l'inculpé devant un conseil de guerre. Dans le cas de l'affirmative..., il établit lui-même une plainte en conseil de guerre... où le crime et le délit seront qualifiés, conformément aux termes mêmes de la loi violée. »

C'est, du reste, dans ce même esprit que, lors de la discussion, au Sénat, de la loi du 15 juin 1899, il était constaté, comme on l'a déjà fait remarquer, que l'instruction préparatoire avait pour but « de savoir si un fait constituait, ou non, un délit ».

Et peut-on admettre qu'un colonel, qui a la responsabilité morale, matérielle et administrative de son régiment, sera arrêté et impuissant devant les faits les plus graves qui peuvent y survenir, et qu'il sera obligé de transmettre une plainte, qu'il saura « injuste ou futile » ?

Poser la question, c'est la résoudre. Mais il y a à prévoir de suite une objection qui semble fort grave : si un chef de corps, de parti pris, arrêtait une dénonciation bien fondée, les intérêts de la justice et du dénonciateur ne seraient-ils pas iniquement lésés ?

Il est bien facile de répondre, tout d'abord, qu'un pareil chef de corps n'existe pas. Mais, même s'il existait, l'intéressé est armé réglementairement contre la décision de son chef. Ce serait pour lui un devoir de conscience de porter une réclamation à l'autorité suprême, et le commandant de corps d'armée, saisi hiérarchiquement, pourrait, si la réclamation était fondée, donner d'office l'ordre d'informer. (*C. M.*, art. 99.)

Le chef de corps ou de détachement, après avoir dressé la plainte, en y annexant les pièces de l'information, ainsi que les états de service et les relevés de punitions (en double expédition, dont une pour la prison si le militaire est condamné, l'autre restant au dossier), transmet ce dossier au général de brigade.

A partir de ce moment, l'œuvre de la police judiciaire est terminée : c'est au commandement qu'il appartient d'agir.

Il sera peut-être intéressant de donner ici quelques renseignements, qui pourront être utiles aux chefs de corps, relativement à la compétence de la justice militaire pour certaines situations particulières (*Code-Manuel de la Justice militaire*, édition Lavauzelle) :

1° Les militaires absents illégalement de leur corps doivent être considérés comme y comptant encore aussi longtemps que durent les délais de grâce que la loi militaire leur accorde pour se représenter avant que le délit de désertion soit consommé ; mais, aussitôt ces délais expirés, la juridiction militaire n'est plus compétente pour connaître des crimes ou délits que ces militaires pourraient commettre dans cette position. (Cassation, 24 février, 9 août et 7 décembre 1860, 22 mai 1874.) Il est à remarquer que, lors de l'application du projet de réforme du Code militaire, les délits de droit commun, même commis pendant la présence au corps, relèveront de la justice civile ;

2° Est considéré comme présent sous les drapeaux, ou au corps, le militaire qui, ayant obtenu un congé, aurait reçu sa feuille de route, mais ne serait pas parti et demeurerait encore à la caserne de son régiment (Cassation, 17 juin 1854), ou qui, démissionnaire, n'aurait pas encore reçu la notification de sa démission et n'aurait pas encore quitté son corps. (Cassation, 30 août 1855);

3° Les conseils de guerre sont compétents pour juger celui qui était militaire, au moment de la perpétration des crimes pour lesquels il a été condamné. Il importe peu que, depuis, il ait cessé de faire partie de l'armée. (Cassation, 12 octobre 1876.)

D'après un autre arrêt de cassation du 3 juillet 1858, visé dans une circulaire ministérielle du 20 octobre 1859, un déserteur qui a commis un crime ou un délit de droit commun pendant sa désertion, doit d'abord être jugé par le conseil de guerre, pour le délit de désertion, et être après, renvoyé devant la juridiction civile.

Notre but, en rédigeant cet opuscule, aura été atteint si nous avons réussi à persuader le lecteur que le droit de punir donne, aux officiers, le caractère du juge dont ils doivent rechercher l'impartialité et le sang-froid ; que les supérieurs hiérarchiques sont des juges d'appel, dont ils doivent jalouser la pondération et l'indépendance, et qu'enfin, il faut toujours penser, avec notre vieux Montaigne, « que la justice, c'est la constante et perpétuelle volonté de distribuer à chacun ce qui lui appartient ».

TABLE DES MATIÈRES

Paris et Limoges. — Imp. milit. Henri Charles-Lavauzelle.

MINISTÈRE DE LA GUERRE. — **Organisation de l'armée :**

1re PARTIE. — Organisation générale. Division militaire du territoire. Places fortes. Défenses des côtes. Etat-major général. Service d'état-major. Archiviste des bureaux d'état-major (édition mise à jour des textes en vigueur jusqu'en août 1901). — Volume in-8° de 288 pages, avec tous les modèles, broché.. *franco.* 2 25

Relié pleine toile gaufrée.................................. *franco.* 3 25

2e PARTIE (CADRES ET EFFECTIFS). — Dispositions générales. Troupes (armée active). Dispositions générales et dispositions particulières à chaque arme. Armée territoriale. Armée coloniale (édition mise à jour des textes en vigueur jusqu'au 1er mai 1900). — Volume in-8° de 304 pages, avec tableaux, broché....................................... *franco.* 2 50

Relié pleine toile gaufrée.................................. *franco.* 3 50

3e PARTIE. — Administration de l'armée. Etablissements et services spéciaux destinés à assurer la défense du pays. Corps du contrôle de l'administration de l'armée. Etat-major particulier de l'artillerie. Etat-major particulier du génie. Service de l'intendance militaire. Service de santé. Service religieux. Vétérinaires militaires. Interprètes militaires. Recrutement et mobilisation. Affaires indigènes en Algérie et en Tunisie. Gendarmerie. Garde républicaine. Corps militaire des douanes. Corps des chasseurs forestiers. Auxiliaires indigènes employés en Algérie et en Tunisie. Musiques et fanfares. Cantinières-vivandières (édition mise à jour des textes en vigueur jusqu'au 25 septembre 1898). — Vol. in-8° de 356 pages, avec modèles, broché, *franco*.................................. 3 »

Relié pleine toile gaufrée, *franco*................................ 4 »

Instruction du 23 juillet 1894 pour l'exécution des dispositions du **Code civil** et de divers décrets et ordonnances applicables aux militaires de toutes armes, *modifiée par la décision ministérielle du* 3 *mars* 1897, suivie de 5 annexes comprenant 140 lois, circulaires, décisions ou décrets relatifs aux actes de l'état civil et aux droits civils et politiques des militaires (3e édit.). — Volume in-8° de 264 pages, broché...................... 3 »

L'achat de cet ouvrage au compte de la masse d'habillement et d'entretien (fonds commun) est autorisé par décision de M. le Ministre de la guerre du 19 mars 1895 (*B. O.*, P. R., n° 13, page 280).

Fêtes et cérémonies : honneurs militaires, honneurs civils, recueil des décrets, circulaires et instructions relatifs aux cérémonies et honneurs, par J. SAUMUR, ✻, ✪, officier d'administration de 1re cl. du service d'état-major (2e édition, revue et augmentée). — Volume in-8° de 142 p., br. 2 25

L'achat de cet ouvrage au compte de la masse d'habillement et d'entretien (fonds commun) est autorisé par décision de M. le Ministre de la guerre du 4 janvier 1895 (*B. O.*, P. S., n° 5).

Manuel du service des pensions (lois et règlements) suivi de l'instruction générale pour son application (édition mise à jour des textes en vigueur jusqu'en 1904). Volume in-8° de 364 pages, avec tableaux, tarifs et modèles, broché, *franco*... 3 »; relié pleine toile gaufrée, *franco*... 4 »

Pensions et secours, par J. SAUMUR, ✻, ✪, officier d'administration de 1re cl. du service d'état-major. Recueil des lois, décrets, circulaires et décisions relatifs aux pensions militaires et aux pensions civiles, aux gratifications permanentes et renouvelables, aux secours permanents et éventuels, ainsi qu'aux secours accordés sur la caisse des offrandes nationales, sur la caisse des Invalides de la marine et sur la caisse de la Légion d'honneur, etc., etc. — Volume in 8° de 348 pages........................ 5 »

Recueil des lois, décrets et instructions concernant les fils et filles de militaires et leur admission dans les écoles militaires préparatoires, maison d'éducation, lycées et collèges, par J. SAUMUR, ✻, ✪, off. d'adm. de 1re cl. du serv. d'ét.-maj. — Vol. in-8° de 144 p., *franco.* 2 50

L'achat de cet ouvrage au compte de la masse des écoles (ou au compte de la masse des écoles du génie en ce qui concerne cette arme) a été autorisé par décision de M. le Ministre de la guerre du 20 août 1896. (*B. O.*, P. S., n° 24, page 90).

www.ingramcontent.com/pod-product-compliance
Ingram Content Group UK Ltd.
Pitfield, Milton Keynes, MK11 3LW, UK
UKHW020416220726
13923UKWH00004B/1976